JN433636

데살로니가전후서

[개정판]

지금까지 나온 옥한흠 다락방 시리즈

新 옥한흠 다락방 시리즈 16

데살로니가전후서 [개정판]

초판 1쇄 발행 1993년 1월 30일
개정판 1쇄 발행 2009년 10월 16일
개정판 16쇄(35쇄) 발행 2023년 10월 25일

지은이 옥한흠

펴낸이 오정현
펴낸곳 국제제자훈련원
등록번호 제2013-000170호(2013년 9월 25일)
주소 서울시 서초구 효령로68길 98(서초동)
전화 02)3489-4300 **팩스** 02)3489-4329
이메일 dmipress@sarang.org

저작권자 (C) 옥한흠, 1993, *Printed in Korea.*
이 책은 저작권법에 의해 보호를 받는 저작물이므로 저자와 출판사의 허락 없이
내용의 일부를 인용하거나 발췌하는 것을 금합니다.

ISBN 978-89-5731-409-8 03230

※ 책값은 뒤표지에 있습니다. 잘못된 책은 구입하신 곳에서 교환해드립니다.

국제제자훈련원은 건강한 교회를 꿈꾸는 목회의 동반자로서 제자 삼는 사역을 중심으로
성경적 목회 모델을 제시함으로 세계 교회를 섬기는 전문 사역 기관입니다.

新 옥한흠 다락방 시리즈 16

데살로니가전후서

[개정판]

옥한흠 지음

국제제자훈련원

교재 사용에 대하여

제자훈련의 열매는 훈련된 평신도 지도자들이 사역하는 소그룹(구역, 다락방, 셀, 목장)이라 할 수 있다. 소그룹이란 성도간에 아름다운 사랑의 교제를 나누며, 말씀 안에서 영적으로 성숙해가도록 서로 돕고, 믿지 않는 사람들을 초청하여 복음을 나누는 소그룹 단위의 공동체다. 소그룹은 하나님의 말씀에 기초한다. 그러므로 각자의 삶을 드러낼 수 있도록 돕고 변화되어야 할 삶의 목표를 분명하게 제시할 수 있는 좋은 교재가 마련되면 효과적인 소그룹을 운영하는 데 큰 도움을 얻는다. 그러나 분주한 목회자의 입장에서는 직접 교재를 만든다는 것이 그리 쉬운 일이 아니다. 이런 어려움을 해결할 수 있도록 돕기 위해 마련된 것이 "옥한흠 다락방 시리즈"이다.

본 시리즈를 사용하는 데 있어 다음 몇 가지를 참고해 주기 바란다.

1. 이 교재는 소그룹에서 귀납적인 방법으로 성경을 공부하기 위해 만든 것이다. 즉 성경의 가르침을 일방적으로 주입하는 대신 충분한 토의를 통해 구성원들의 생각을 먼저 정리하고 그것을 성경의 가르침과 비교하도록 구성되었다. 결코 해답 베껴 쓰기 식의 공부가 되지 않도록 해야 한다. 서툴더라도 자기 인식과 활발한 토의 참여에 의한 생생한 결론이 나올 수 있도록 해야 한다. 따라서 지도자는 소그룹 환경에서 귀납적 방법으로 성경을 공부하는 것이 무엇인지를 반드시 먼저 배워야 한다.
2. 이 교재는 교역자가 매주 소그룹 지도자들을 먼저 예습시킨 다음 사용하게 해야 바람직한 효과를 기대할 수 있다. 소그룹 지도자는 공부할 내용을 충분히 이해해야 한다.
3. 소그룹에 참석하는 자들은 반드시 예습을 하도록 권장해야 한다.
4. 한 과를 공부하는 데에는 한 시간 이상이 필요하다. 그러므로 각 문제에 따라 답만 찾아보고 넘어가야 할 것과 충분한 토의를 통해 진지하게 적용할 것을 잘 구별해서 진행하는 것이 중요하다.

차례

Lesson 1

데살로니가 교회

데살로니가전서 1:1; 사도행전 17:1-10

마음의 문을 열며

데살로니가전서는 주후 50년 경 사도 바울이 계시의 말씀으로 기록한 것이다. 바울은 2차 선교 여행 중 데살로니가 성에 들려 얼마간 선교하다 박해를 받고 쫓겨났다. 짧은 기간의 사역이었으나 그곳에 교회가 세워지는 놀라운 열매가 있었다. 데살로니가에 다시 갈 수 없었던 바울은 핍박을 무릅쓰고 이제 갓 믿기 시작한 성도가 걱정되어 디모데를 보내게 된다. 디모데는 돌아오면서 너무도 기쁜 소식을 가지고 왔다. 감사한 마음을 이기지 못한 바울은 그들을 위로하고 격려할 뿐 아니라 그들의 믿음을 말씀의 기초 위에 흔들리지 않는 확신으로 세우기 위해 본서를 썼다.

오늘은 바울이 데살로니가 교회를 어떻게 세우게 되었으며 어떤 점에서 데살로니가 교회가 좋은 교회가 될 수 있었는지를 살펴보며 은혜받고자 한다. 진리의 영이신 성령께서 마음의 문을 열어 깨닫게 하시기를 기도하며 말씀을 보도록 하자.

1 바울 당시 데살로니가 성은 20만 내외의 인구를 가진 도시였다. 신약에 나오는 도시들 가운데서 지금까지 남아 있는 몇 안 되는 도시 중 하나다. 여기서 바울은 얼마 동안 누구와 함께 복음을 전하였는가?(살전 1:1, 참고/ 행 17:2)

2 바울이 회당에 들어가 예수 그리스도를 증거한 방법에 주목할 필요가 있다. 말씀을 강론하면서 뜻을 풀어 해석하고 증언하고 선포했다. 이것은 구약을 아는 유대인들과 유대교로 개종한 헬라 사람들을 대상으로 하였기 때문에 효과적인 방법이었다. 당신은 하나님의 말씀 배우기를 좋아하는가? 혹시 말씀의 기초가 약해 감정에 따라 흔들리는 믿음은 아닌가?(참고 / 행 17:2-3)

3 데살로니가 교회는 건강하면서도 좋은 교회로 알려져 있다. 아무런 이유도 없이 좋은 교회가 되는 법은 없다. 처음부터 말씀의 기초를 잘 닦았던 것이 중요한 이유가 되었다. 그런데 또 하나 놓칠 수 없는 사실은 개척 구성원들이 좋았다는 것이다. 사도행전 17장 4절로 이 사실을 확인해 보자.

4 경건한 헬라인들과 귀부인들에게서 찾을 수 있는 좋은 점들이 있다면 어떤 것인가?

5 당신은 교회에 소속된 사람들의 인격적인 문제로 인해 어려움을 겪어 본 경험이 있는가? 예를 들어 보자(참고 / 요삼 9-10절).

6 교회 안에서 신앙이 약한 사람은 큰 문제가 아니다. 신앙은 자라면 된다. 그러나 지나치게 모난 성격을 가진 자나 인격이 일반적인 수준에도 미치지 못하는 자들은 대단히 어렵다. 특히 그런 자들이 직분을 맡게 되면 고통스러운 일들이 많이 발생하게 된다. 왜냐하면 수십 년간 굳어진 성격은 신앙생활을 통해서도 수정이 잘 안 되기 때문이다. 성경을 조금 배웠다고 하루아침에 좋은 사람이 되는 것은 아니다. 이런 사람들이 리더십을 행사하는 교회가 있다면 어떻게 해야 하는가?

7 다음의 글을 읽고 느낀 바를 나누어 보자.

❀❀❀

좋은 교회는 좋은 교육방법을 갖고 있다. 좋은 교회는 좋은 사람들이 있다. 일반적으로 은혜에만 치중하다 자연의 조건을 무시하는 과오를 지금까지 교회 지도자들이 많이 범하여 왔다. 말씀을 가르쳐도 어떤 식으로든지 전달만 하면 능력이 나타난다고 믿는 것은 종자가 좋으면 아무렇게나 심어도 잘될 거라는 논리나 다를 바 없다. 누구든지 은혜만 받으면 좋은 사람이 된다는 이론 역시 어리석은 생각이다. 하나님 나라가 완성되면 악한 성품을 가진 자가 사라지겠지만 지상 교회에는 그런 자들이 얼마든지 자리 잡을 수 있다. 이 모순을 극복하기 위해 좋은 인품과 자질을 가진 사람들을 교회로 전도하는 일에 힘써야 할 것이다. 전도하기 쉽다고 해서 우리보다 못한 자들에게만 접근하는 소극적인 자세를 버려야 한다. 인격이나 학력, 생활수준이 우리보다 월등히 나은 사람들에게 담대히 전도해야만 그들이 말씀을 통해 살아 계신 예수님을 만나고 훌륭한 지도자가 될 수 있다.

8 바울과 이제 갓 믿기 시작한 데살로니가 교회의 교인들을 핍박한 것은 누구였으며 그들이 핍박의 이유로 삼았던 것은 무엇인가?(참고 / 행 17:5-9)

9 핍박은 믿음을 강하게 만든다. 또한 핍박은 교회를 흥왕하게 만든다. 데살로니가후서 1장 3-4절을 통해서 이 사실을 확인해 보자.

삶의 열매를 거두며

이 시간 우리는 데살로니가 교회처럼 건강하고 좋은 교회가 되려면 다음 세 가지를 갖춰야 함을 배웠다. 이 가운데서 당신이나 당신이 섬기는 교회에서 부족하다고 생각되는 것이 있으면 어떻게 해결할 수 있는지 생각해 보자. 그리고 기도하자.

- 확고한 복음의 기초

- 양질의 인격

- 핍박을 극복하는 믿음

Lesson 2

좋은 교회의 실상

데살로니가전서 1:2-10

마음의 문을 열며

데살로니가 교회 하면 좋은 교회, 건강한 교회라는 이미지가 항상 떠오른다. 두 달이 채 안 된 어린 교회요, 지도자 없이 모이는 교회요, 게다가 극심한 천대와 핍박을 받고 있는 교회였지만 소아시아 지방을 온통 흔들어 놓고 있었다. 이 교회에 비하면 우리가 섬기는 교회는 초라하고 힘이 없어 보인다. 훌륭한 지도자들이 있고, 편리한 시설과 다양한 프로그램들이 있고, 잘 짜인 예배가 있지만 어딘가 빈 것 같은 허전함을 감출 수가 없다. 이 시간 성령께서 우리의 영의 눈을 열어 무엇이 빠져 있는지 보게 하시고 빨리 채울 수 있도록 은혜 주시기를 구하자.

말씀의 씨를 뿌리며

1 데살로니가 교회가 얼마나 좋은 교회인지 바울은 감사를 연발하고 있다. 다음의 구절들을 찾아보자(1:2, 2:13, 3:9).

2 다음 글을 읽고 우리가 섬기는 교회에 대해 감사하지 못하는 부분은 없는지 자신을 살피면서 각자의 생각을 이야기해 보자.

❀❀❀

기독교 방송이 주최한 방송 부흥회의 마지막 설교를 맡은 일이 있었다. 예배를 마치고 나오자 인사를 하는 어느 권사님이 계셨다. "목사님, 저 목사님 교회로 갈래요." 그 말을 들으면서 그 권사님이 참 불쌍하다고 생각했다. 설교 한 번 듣고 금방 마음이 떠 버릴 만큼 감사도 없고 자랑스럽지도 못한 교회를 다닌다는 것이 얼마나 신자로서 불행한 일인가? 우리 교회가 이런 교회로 전락하지 말아야 할 것이다. 그렇게 하기 위해 데살로니가 교회가 가지고 있었던 좋은 것은 하나도 빼놓지 말고 다 배우고 따라가야 할 것이다.

3 데살로니가 교회는 믿음, 소망, 사랑을 골고루 갖추고 있었고, 이 세 가지가 살아 역사하고 있었다. 어떻게 그럴 수 있는가?(3절)

4 믿음과 역사의 관계, 사랑과 수고의 관계, 소망과 인내의 관계를 다음 성구들을 가지고 이야기해 보자.

- **야고보서** 2:14 /

- **요한일서** 3:17-18 /

- **로마서** 8:25 /

5 이 가운데서 당신에게 문제가 되는 것은 무엇인가?

6 다음의 글을 음미해 보자.

❀❀❀

어느 신학자가 이런 말을 했다. "사랑은 하나님의 속성이다. 고난의 십자가를 통해서 사랑을 보여 주신 예수 그리스도를 발견한 사람은 어떤 결단을 내리지 않으면 안 된다. 하나님의 사랑에 투항하여 만사를 그분의 사랑의 눈으로 다시 보는 사람이 되든지, 아니면 그 사랑을 철저하게 거부하는 사람이 되어야 한다. 그 중간은 있을 수 없다."

7 4절을 보면, 바울은 데살로니가 교회의 성도가 정말로 하나님의 택함을 받은 자들이라고 확신했다. 무엇을 근거하여 그렇게 확신하는 것인가? 네 가지를 찾아보자.

• 5절 /

• 6절 /

• 7절 /

• 8절 /

8 우리는 구원의 확신이 있다고 쉽게 말해 버리는 버릇이 있다. 그러나 확신이란 그만한 근거가 있을 때 생기는 것이다. 가장 먼저 중요한 것은 주님의 말씀을 의심하지 않는 확고한 믿음이다. 그 다음에는 데살로니가 교회의 교인들처럼 변화된 삶이 따라야 한다. 당신은 구원의 확신을 이 두 가지로 입증할 수 있는가?(참고 / 마 7:17-21)

9 데살로니가 교회의 교인들은 가는 곳마다 예수를 퍼뜨리는 전염병이 있었다. 우리는 왜 그렇게 되지 못하는 것일까? 당신은 지금 어떻게 복음을 전파하고 있는가?(8절)

10 데살로니가 교회의 교인들은 특별히 무엇을 고대했는가? 그리고 당신에게도 그들과 같은 고대함이 있는가?(10절)

삶의 열매를 거두며

이 시간 우리는 데살로니가 교회처럼 감사할 것들이 넘쳐나는 좋은 교회가 되려면 다음 세 가지가 갖춰져야 한다는 사실을 배웠다. 이 가운데서 당신이나 당신이 섬기는 교회에서 부족하다고 생각되는 것은 무엇인가? 어떻게 해결할 수 있는지 생각해 보라. 그리고 기도하라.

- 믿음의 역사, 사랑의 수고, 소망의 인내
- 확고하고 명확한 확신과 변화된 삶
- 지역 사회를 향한 복음의 영향력

Lesson 3

복음에 합당한 증인

데살로니가전서 2:1-5

마음의 문을 열며

지난 두 주간에 걸쳐서 우리는 데살로니가 교회가 왜 좋은 교회인지 외적인 조건과 내적인 면을 생각해 보면서 은혜를 나누었다. 오늘은 바울이 환난과 핍박 중에도 굴하지 않고 데살로니가 교회에 성공적으로 복음을 전한 사례를 통해 성공의 비결이 어디에 있는지 살펴보려 한다. 전도에 실패하는 이유는 복음의 내용 때문이 아니라 복음을 전하는 도구인 인간의 잘못 때문이다.

이 시간을 통해 성공하는 복음의 증인이 되고, 하나님의 도구로 쓰임 받기 위해 우리가 어떻게 해야 하는지 배우도록 하자.

말씀의 씨를 뿌리며

1 바울은 자기가 데살로니가로 갔을 때의 형편이 몹시 어려웠다고 말하고 있다. 그것은 바울이 빌립보에서 선교하다가 큰 핍박을 받았기 때문이다. 2절의 말씀과 사도행전 16장 19-24절을 비교해 보자.

2 바울은 선교사로서 어디를 가나 자신의 말과 행동이 투명하기를 원했다. 다시 말해, 복음을 듣는 자들에게 숨기는 것이 없었다. 2절과 5절에 나오는 '아는 바와 같이', '알거니와' 를 가지고 바울이 어떤 점에서 투명했는지를 생각해 보자.

3 다른 사람들이 석연치 않게 여기고 있는 무엇인가를 숨겨 놓은 채 우리가 예수님을 믿으라고 말한다면 어떤 문제가 생기겠는가?

4 바울은 자기가 하나님의 옳게 여기심을 받았기 때문에 복음을 전하는 사도가 되었다고 말한다. 옳게 여기심을 받았다는 말은 자격을 인정받았다는 뜻이다. 바울은 자격이 없는 자가 아닌가? 그는 분명히 모순된 말을 하고 있다. 이 모순을 푸는 열쇠는 '은혜' 라는 말이다. 왜 그런지 생각해 보자(4절, 참고 / 딤전 1:12-14).

5 하나님이 찾는 사람은 은혜를 알고 은혜에 감격하는 사람이다. '나 잘났다' 는 사람보다 '자격이 없는데 왜 이러실까' 하는 심정을 갖는 자가 아무리 어려워도 진짜 충성할 수 있다. 바울은 바로 이런 점에서 하나님의 눈에 합당한 일꾼이었다. 우리에게는 이런 은혜의 감격이 어느 정도인지 살펴보자.

6 은혜에 감격하여 충성하는 사람에게는 몇 가지 특징이 있다. 바울에게서 발견할 수 있는 첫 번째 특징은 무엇인가?(2절)

7 두 번째 특징은 무엇인가?(4절)

8 바울은 5절에서 복음을 전하는 자에게 나타나는 불순한 동기를 '아첨', '탐심의 탈' 이라고 표현하고 있다. 다음의 구절을 통해 그 의미를 생각해 보자(참고 / 행 20:20, 33-35).

9 다음 글을 읽고 생각을 나누어 보라. 그리고 우리가 전도할 때 사람들의 눈치를 살피면서 그들의 기분을 맞추려고 하는 것이 어떤 점에서 위험한지 이야기해 보자.

❀❀❀

바울은 우직하지만 진실한 방법으로 복음을 전했다. 그는 복음을 전하기 위해서 간사나 아첨의 말이나 궤계를 쓰지 않았다고 말한다. '간사' 나 '아첨', '궤계' 라는 단어는 복음을 맡기신 주님의 뜻을 어기는 행위라고 할 수 있다.

그런데 요즘 많은 사람들이 복음을 전하면서 복음의 진실성을 상실한 채 변죽만 울리고 마는 경우를 보게 된다. 가급적이면 사람들에게 거부감을 일으키지 않으려 하면서 안도감을 주는 말로 그럴싸하게 사람들의 비위를 맞추는 말을 한다. 그러다보니 자연히 복음의 진수를 전하지 못한다.

바울이 얼마나 이런 유혹을 받았겠는가? 그러나 그는 끝까지 예수 그리스도와 십자가 외에는 결코 자랑하지 않겠다고 고집했다. 왜 그랬을까? 하나님이 맡겨 주신 보배이므로 그 보배를 자신이 적당히 포장해서 전할 수 없다고 생각했기 때문이다. 은혜로 얻은 직분이기에 사람들의 인기를 얻기보다 모욕과 고통을 당할지라도 복음을 변색시키지 않고 전하려 했던 것이다. 은혜에 감격한 사람은 바울처럼 십자가와 부활의 예수 그리스도만 담대히 전하려는 열정을 가지고 있다(참고 / 고전 2:1-2).

삶의 열매를 거두며

오늘 배운 말씀을 다시 한 번 정리해 보자. 얼마나 도전이 되는 말씀인가? 충성되이 여기셔서 불러주시고 보배로운 복음의 증인으로 삼으신 하나님 앞에 오늘 이 시간, 고난과 모욕이 있고 많은 반대가 있을지라도 굴하지 않고 사심 없이 복음을 전하기 위해 헌신하겠다는 충성을 다짐하며 기도하자.

Lesson 4

영적 자녀 키우기

데살로니가전서 2:7-12

마음의 문을 열며

데살로니가 교회의 성도는 영적으로 이제 갓 태어난 어린아이와 같았다. 바울이 한 달 정도 머물면서 전도한 자들이었기 때문이다. 그래서인지 그는 자녀를 낳아 키우는 부모처럼 그들에게 온갖 정성을 다 쏟았다. 오늘은 그가 어떻게 그들을 양육했는지에 대해 살펴보고자 한다. 이를 통해 우리는 다른 사람들의 신앙을 돌보는 영적 지도자들이 반드시 갖추어야 할 리더십의 요소들을 발견하게 될 것이다. 이 말씀대로 실천하면서 우리 모두 훌륭한 영적 지도자들이 될 수 있기를 바란다.

말씀의 씨를 뿌리며

1 바울은 신앙이 어린 영적 자녀를 돌보기 위해 자신이 먼저 포기해야 할 것이 무엇인지를 알고 있었다. 그것이 무엇인가?(7, 9절, 참고 / 고전 9:9-12)

2 오늘날 교회의 지도자들은 어느 정도까지 자기의 권위를 포기해야 한다고 생각하는가?(참고 / 마 10:9-10; 고전 9:13-14)

3 바울은 어린 영혼을 돌보기 위해서는 아낌없이 주어야 할 것이 있다고 말한다. 그것이 무엇인가?(8절)

4 사랑에는 어머니의 사랑과 아버지의 사랑이 있다. 자녀는 이 두 가지 사랑을 골고루 받아야 건강하게 자랄 수 있다. 영적인 자녀도 마찬가지다. 그러면 각 사랑의 특징은 무엇인가?(7, 11절)

5 사랑한다는 것은 곧 희생한다는 것을 의미한다. 교회 안에서 다른 형제의 믿음을 키우기 위해 우리가 어떤 것들을 희생해야 하는지 말해 보자.

6 영적인 지도자가 되려면 언행에 있어서 배우는 자의 모범이 되어야 한다. 바울과 동역자들은 이 점에 대해서 어떻게 했는가?(10절)

7 지도자가 모범이 되지 않아서 상처를 입었던 경험이 있으면 말해 보자.

8 지도자와 배우는 자가 다함께 추구해야 할 신앙생활의 목표는 무엇인가?(12절)

삶의 열매를 거두며

지금까지 우리는 영적으로 다른 사람을 양육하려면 자기 권리를 포기하고, 사랑으로 희생하고, 삶의 모범을 보이고, 목표가 분명해야 성공할 수 있다는 것을 배웠다. 당신은 이와 같은 지도자를 만난 적이 있는가? 또한 당신도 바울처럼 한두 명의 어린 영혼을 돌보고 있는가? 그렇다면 그동안 있었던 일들을 함께 나누어 보자.

Lesson 5

역사하는 말씀

데살로니가전서 2:13-16

마음의 문을 열며

우리는 항상 성경을 가까이 하고 산다. 한 주간 동안 얼마나 성경을 읽었는지, 그리고 몇 번이나 설교를 듣고 말씀을 배웠는지를 알아 보면 깜짝 놀랄 것이다. 먹고 마시는 것을 제외하면 성경을 대하는 시간이 가장 많았다는 것을 발견할 수 있기 때문이다. 그럼에도 불구하고 안타까운 사실은 듣고 보는 데 비해 말씀의 영향력이 약하다는 것이다. 이것은 하루 빨리 치유되어야 할 영적 질병이 아닐 수 없다. 데살로니가 교회의 교인들은 자기에게 역사하는 말씀의 능력을 알고 있었다.

말씀의 씨를 뿌리며

1 바울이 끊임없이 하나님께 감사한 내용이 무엇인가?(13절)

2 우리가 성경 말씀을 들을 때 사람의 말로 받을 수 있는 위험이 종종 있다. 어떤 경우에 그럴 수 있는지 말해 보자(참고 / 살전 2:9-10).

3 설교를 듣거나 성경을 배울 때 하나님의 말씀으로 받는 사람은 그 태도가 어떤 점에서 다른가? 다음 구절을 가지고 대답해 보라.

- 욥기 23:12 /
- 시편 119:72 /
- 시편 119:148 /

4 당신은 성경을 하나님의 말씀으로 받은 사람인가? 그렇다면 그 사실을 무엇으로 증명할 수 있는가?

5 다음의 글을 읽고 느낀 바를 나누어 보라.

❀❀❀

이번 주일예배 설교를 통해 얼마나 큰 은혜를 받았는지 모릅니다. 왜 그렇게 눈물이 나오고, 하나님께 감사와 찬양이 나오든지요. 성령 충만함을 느낀 정말 은혜로운 시간이었습니다. 저는 1994년 겨울부터 S교회에 나오기 시작하였는데 사실 처음에는 설교 시간에 졸기도 하고, 성경 말씀도 잘 이해하지 못하고, 성령님을 사모하는 마음도 별로 없이 그저 건성으로 교회만 출석하는 선데이 크리스천이었습니다. 그러다 다락방에 나가면서 하나님의 말씀이 진리이고 너무나 달고 오묘하다는 걸 알게 되었고, 올해는 제자훈련에 들어와 하나님의 말씀을 더 깊게 배우며, 그 말씀에 순종하려 애쓰고 있습니다. 머리 아프고, 이기적으로만 살고 있는 세상을 떠나 동료 제자훈련생들과 서로를 위해 진심으로 기도해 주고 또 교회와 나라를 위해 기도하며, J목사님 인도 하에 하나님 말씀을 같이 공부하는 그 시간이 저에게는 너무나 좋습니다. 정말 값없이 이런 축복의 자리를 가질 수 있다는 은혜에 대해 하나님과 목사님께 감사드립니다.

6 바울은 하나님의 말씀이 믿는 자 안에서 역사한다고 했다. 다음 구절을 가지고 그 의미를 정리해 보자.

- 누가복음 1:37 /
- 로마서 1:16 /
- 디모데후서 3:16-17 /
- 히브리서 4:12-13 /

7 당신은 살아 역사하시는 말씀을 어떻게 체험하고 있는가?

8 유대인들은 십자가의 원수가 되어 많은 악을 저질렀다. 그 내용은 어떤 것인가?(15-16절)

9 데살로니가 교회의 교인들은 자기들의 가족과 동족으로부터 호된 핍박을 당하고 있었다. 그럼에도 그들은 행복한 자들이었다. 왜 그런가?(14절, 참고 / 살전 1:6)

삶의 열매를 거두며

우리는 아무 환란을 받지 않는데도 왜 그들처럼 행복한 신앙생활을 하지 못할 때가 많은가? 이 질문을 가슴에 담고 자신을 돌아보며 기도하자.

Lesson 6

우리의 소망, 우리의 기쁨

데살로니가전서 2:17-20

마음의 문을 열며

데살로니가에서 선교하던 바울과 실라와 디모데는 한 달이 채 되기 전에 유대인들의 핍박을 받아 쫓겨나고 말았다. 그것도 밤중에 몰래 성을 빠져나오지 않으면 안 될 정도로 다급한 상황이었다(행 17:10). 비록 짧은 기간임에도 불구하고 많은 사람들이 구원을 받는 놀라운 결실이 있었다. 그들이야말로 바울과 동역자들이 낳은 영적 자녀들이었다. 그러나 그토록 사랑하는 사이였음에도 불구하고 둘 사이는 강제로 나누어지고 말았다. 울부짖는 아이를 엄마에게서 억지로 떼어놓은 것처럼 오늘 본문은 영적 자녀를 그리워하는 바울의 애절한 심정을 담고 있다.

말씀의 씨를 뿌리며

1 어쩔 수 없이 자녀들과 멀리 떨어질 수밖에 없어 쌓여만 가는 그리움 때문에 고통당해 본 경험이 있는가? 그때의 심정을 이야기해 보자.

2 17절을 보면 바울의 심정을 짐작할 수 있다. 공감가는 표현이 있다면 무엇인가?

3 데살로니가의 믿음 어린 성도가 너무 그립고 걱정된 바울은 무엇을 하고자 했나?(18절)

4 사탄이 막았다는 말이 무슨 뜻인지 다음의 글을 읽고 정리해 보자.

사탄이 정확히 어떻게 사도 바울이 데살로니가로 돌아가는 것을 막았는지에 대해서는 수많은 추측이 있었다. 어떤 사람들은 그들이 계속적으로 유대인들의 반대, 심지어 '그에 대한 유대인들의 음모'를 받았다고 생각한다. 어떤 사람들은 그것이 그에게 있는 '육체의 가시'였으며, 이것은 그가 후에 '사탄의 사자'라고 부른, 몸을 쇠약하게 하는 병이었을 것이라고 추측한다. 또 한편에서는 데살로니가의 읍장들이 야손에게 가했던 법적 금지령이었다고 말하기도 한다. 아마도 바울과 데살로니가 교회의 교인들은 방해 거리가 무엇인지 잘 알고 있었을 것이다. 우리는 이에 대한 정보를 갖고 있지 못하므로 보증할 수 없는 확신을 표하는 것보다는 우리의 무지를 고백하는 편이 더 나을 것이다.

5 바울은 하나님이 막는 경우와 사탄이 방해하는 경우를 분별할 수 있었던 것 같다. 우리에게도 비슷한 일이 일어날 수 있다. 하나님이 막으시는 것인지, 사탄이 방해하는 것인지 어떻게 분별할 수 있을까?(참고 / 행 16:6-7; 롬 1:13)

6 현실적으로 만나지 못하는 슬픔이 있었으나 바울은 그 마음에 다른 기쁨과 긍지를 가지고 있었다. 19-20절에서 그 사실을 살펴보자.

7 바울은 예수님이 재림하시는 날 자기가 쓰게 될 면류관은 데살로니가 교회의 성도라고 말한다. 왜 그렇게 생각하는가?

8 세상에서 우리가 할 수 있는 가치 있고 보람된 일들은 한두 가지가 아닐 것이다. 그러나 그 가운데서도 가장 보람된 일을 찾으라면 어떤 사람이 예수 그리스도를 만나 구원받도록 복음을 전하는 일일 것이다. 바울이 데살로니가 교회의 성도에게 이 일을 하였기에 그들을 향하여 자기의 영광이요 기쁨이라고 말하는 것이다. 당신은 이와 같은 가치관을 가지고 살고 있는가? 그렇다면 얼마나 전도를 열심히 하고 있는가?

삶의 열매를 거두며

오늘 당장 예수님이 재림하신다면 당신은 바울처럼 자랑할 수 있는 면류관을 가지고 있는가? 다음의 괄호를 채워보자.

(   )는 나의 면류관이요 기쁨입니다.

Lesson 7

주 안에서 굳게 선즉 이제는 살리라

데살로니가전서 3:1-13

마음의 문을 열며

환란 중에 믿음을 지키고 있는 데살로니가 교회의 성도를 직접 만나려는 시도가 좌절되자 바울은 차선의 대안으로 디모데를 대신 보내고자 했다. 다행히 이번에는 하나님의 도우심으로 성공할 수 있었다. 이러한 그의 모습 속에서 우리는 자녀를 위해 어디든지 달려가는 부모의 심정을 읽을 수 있다. 영적으로 어린 자녀는 스스로 믿음을 지키기가 매우 어렵다. 우리 주변을 돌아보면 돌봄이 필요한 영혼, 우리들의 도움을 기다리는 영혼들이 한두 명이 아닐 것이다. 이 시간 바울의 불타는 심령을 배우도록 하자.

말씀의 씨를 뿌리며

1 바울이 데살로니가 교회로 보낸 디모데에 대해 다음 성구를 통해 살펴보자. 그는 어떤 인물인가?(참고 / 행 16:1-2; 고전 4:17; 딤전 1:1-2)

2 바울이 디모데를 보낸 이유는 무엇인가?(2-3절)

3 바울이 데살로니가 교회 교인들의 믿음을 몹시 걱정한 데에는 그만한 이유가 있었다. 4-5절을 통해 두 가지 사실을 확인해 보라.

4 당신의 믿음을 놓고 항상 걱정해 주는 사람이 있다면 누구인가?

5 디모데가 돌아와서 전한 소식은 어떤 내용이었나?(6절)

6 누구든지 교회에서 지도자를 간절히 사모하는 마음이 있다면 그 사람의 믿음은 건강하다고 할 수 있을 것이다. 반대로 지도자나 믿음의 선배를 만나기 싫어한다면 틀림없이 믿음에 이상이 생겼다고 할 수 있다. 당신은 어느 편에 해당하는가?

7 좋은 소식은 우리의 영과 육에 새 생명을 공급하며 활기가 넘치게 한다. 바울은 무엇이라고 말하고 있는가?(7-8절)

8 데살로니가 교회의 교인들이 핍박을 이기고 믿음을 잘 지키고 있다는 소식을 들은 바울은 이전보다 더 적극적으로 그들을 위해 기도하기 시작한다. 그의 기도에서 몇 가지 배울 점을 찾아보자(10-13절).

• 기도하는 태도

• 기도하는 시간

• 기도의 내용

삶의 열매를 거두며

우리 자신의 기도 생활을 점검해 보자. 당신이 중보기도하고 있는 믿음이 연약한 자들이 얼마나 되는지 그들의 이름을 적어 보자. 그리고 기도하지 못해 빚진 마음을 가지고 있는 자들이 누구인지 살펴보고, 그들을 위한 기도 계획을 세우자.

Lesson 8

하나님을 기쁘시게 하는 삶

데살로니가전서 4:1-12

마음의 문을 열며

현대인들은 건강을 위해 공원에서 걷거나 뛰기를 좋아한다. 바울은 우리의 신앙생활을 걷는 것에 자주 비유하는 것을 볼 수 있다. 이 시간 다루게 될 본문에서도 그는 이 말을 사용하고 있다. '어떻게 행하며' 는 '어떻게 걸으며' 라는 의미를 갖고 있다. 신앙생활은 믿음의 발걸음을 옮기면서 시작되지만 나중에는 믿음으로 걷고 뛰는 자리까지 나아가야 한다. 절룩거려도 안 되고 주저앉아도 안 된다. 이를 위해 본문의 말씀은 우리가 날마다 명심하고 순종해야 할 중요한 진리를 교훈하고 있다. 마음을 열고 주의 음성을 듣도록 하자.

말씀의 씨를 뿌리며

1 우리가 올바른 신앙생활을 하기 위해서는 무엇부터 배워야 하는가?(1-2절)

2 하나님이 기뻐하시는 뜻 가운데 하나는 무엇인가?(3절)

3 다음의 글을 읽고 느낀 것을 나누어 보라.

❀❀❀

바울이 선교하던 로마 시대는 도덕적으로 우리가 상상하는 이상으로 타락했다. 사람들은 성적으로 부도덕하게 생활하는 것을 이상한 눈으로 보지 않았다. 로마 시민의 수보다 많은 노예들이 힘든 일을 다 해주었기 때문에 시민들은 풍족한 여가 시간을 즐길 수 있었다. 그래서 육체의 쾌락을 충족시키는 일이라면 선한지 악한지를 구분하지 않고 탐닉하였다. 가정 파괴, 불륜 관계, 매춘 행위, 동성연애, 심지어 짐승과 교접하는 행위까지 성행하는 사회가 되었다.

이 모든 행위를 악하다고 말하는 사람들은 예수 믿는 사람들뿐이었다.

이런 의미에서 기독교의 메시지는 엄청난 파장을 불러 일으켰다. 그러나 문제는 교회 안에도 있었다. 예수 믿고 이전의 음란한 행위를 끊어버린 자들이 다시 옛날의 습관을 반복하는 일이 자주 발생하고 있었다. 데살로니가 교회도 예외가 아니었다. '세상이 다 그런데 그게 뭐 어때서?' 하며 성범죄를 대수롭지 않게 여기는 풍조가 만연하기 시작했던 것이다.

모두가 검은 옷을 입고 있는 세상에서 혼자 흰옷을 고집한다는 것이 얼마나 어려운 일인지를 보게 된다.

4 악한 생각이나 행동을 오래 반복하다 보면 뿌리 깊은 습관으로 자리 잡게 된다. 예수 믿고 은혜를 받으면 그런 습관에서 벗어나는 것이 대부분이지만 믿음이 약해지거나 시험을 받으면 다시금 빠져들 수 있다. 바울은 이런 위험에 대해 어떻게 경고하고 있는가?(3-5절)

5 데살로니가 교회의 교인들 가운데는 이전의 나쁜 행동을 반복하면서 다른 형제들을 유혹하거나 해를 끼치는 일이 가끔씩 있었던 것 같다. 이것은 무서운 죄다. 이에 대해 무엇이라고 경고하는가?(참고 / 롬 1:32)

6 거룩한 삶을 가볍게 여기거나 무시하는 사람은 신앙인이라고 볼 수 없다. 왜 그런가?(7-8절)

7 인터넷이 주요한 정보통신의 수단으로 자리 잡으면서 우리의 거룩한 삶은 치명적인 위협을 받고 있다. 당신의 가정이나 직장 등 주변 환경에서 특별히 경계해야 할 거룩의 적들이 없는지 점검해 보라.

8 데살로니가 교회에서 우리가 본받아야 할 것은 무엇인가?(9절)

9 한편 데살로니가 교회에는 절대로 잘한다고 말할 수 없는 행동을 하는 자들도 있었다. 어떤 자들인가?(11-12절, 참고 / 살후 3:10).

삶의 열매를 거두며

당신에게 다음과 같은 문제가 있지는 않은가? 문제가 있다면 어떻게 고칠 수 있겠는가?

• 사랑은 많은데 게으르다.

• 부지런한데 사랑이 부족하다.

Lesson 9

재림의 소망과 위로

데살로니가전서 4:13-18

마음의 문을 열며

우리 중에는 신앙생활 잘하다 먼저 세상을 떠난 형제들이 예수께서 재림하실 때 어떤 운명이 될지 몰라 슬퍼하거나 걱정하는 사람은 없다. 하나님의 말씀을 통해 그들이 누릴 영광스러운 축복을 잘 알고 있기 때문이다. 그러나 데살로니가 교회 교인들의 사정은 달랐다. 그들은 믿은 지 얼마 되지 않은 신자들이었다. 그리고 그들에게는 성경도 없었다. 기독교의 교리를 잘 알지도 못했다. 그들은 예수께서 곧 재림하실 것이라고 믿고 있었는데 그 이전에 세상을 떠난 믿음의 형제들에 대한 걱정이 컸다. 그들이 어떤 불이익을 당하게 될지도 모른다는 생각에 불안해했다. 결국 그들은 궁금증을 풀기 위해 사도 바울에게 질문하게 된다. 이 시간 바울이 그 질문에 어떻게 대답했는지 배워 보자.

말씀의 씨를 뿌리며

1 사람들은 무덤에 들어간 자들에 대해 관심을 갖지 않는다. 아는 것이 없기 때문이다. 그러나 우리는 다르다. 그들은 지금 어디에서 무엇을 하고 있는가?(참고 / 눅 16:22-25; 계 6:9-11)

2 바울은 예수님을 믿다 죽은 자들을 '자는 자'라고 부른다. 자고 있는데 왜 슬퍼하는지 반문하고 있는 것이다. 그가 이렇게 말하는 이유를 생각해 보라(13-14절, 참고 / 요 11:11-13).

3 다음의 내용을 읽고 요점을 정리해 보라.

❀❀❀

우리는 '주 안에서 잔다'는 말을 오해하지 않아야 한다. 어떤 이단에서는 이 말을 가지고 죽음 후의 최면설을 주장한다. 누구나 죽으면 수면 상태에 빠진다는 것이다. 그러나 이것이 사실이 아니라는 것을 성경은 여러 곳에서 말씀하고 있다. 성도는 일단 죽으면 그 몸은 흙으로 돌아간다. 대신 그 영혼은 주님과 함께 머물게 된다. 그래서 예수님이 재림하실 때 함께 동행할 수 있는 것이다. "예수 안에서 자는 자들도 하나님이 그와 함께 데리고 오시리라"(14절). 그러므로 여기서 잔다고 하는 것은 무덤에 있는 육신을 두고 하는 말이지 주님과 함께 거하는 영혼을 두고 하는 말씀이 아니라는 것을 기억해야 한다(약 2:26).

4 사랑하는 자를 사별한 경험이 있는가? 예수님의 재림을 기다리는 소망과 죽은 자의 부활을 믿는 신앙이 실제로 자신의 슬픔을 진정시키는 데 얼마나 도움이 되었는가?

5 예수님이 강림하시면 상상을 초월하는 사건들이 눈앞에서 벌어질 것이다. 그 사건들이 무엇인지 4가지를 말해 보라(16-17절).

6 죽은 자가 부활할 수 있다는 사실을 당신은 분명히 확신하고 있는가?(요 11:25-26; 고전 15:42-44, 51-52)

7 예수님이 재림하실 때 당신이 '구름 속으로 끌어 올리움' 즉 휴거를 받지 못할까 불안해한 일이 있는가? 시한부 종말론자들은 이런 불안을 이용하여 무지한 사람들을 얼마나 불행하게 만들었는지 모른다. 만일 당신이 불안해한다면 그 원인이 무엇이라고 생각하는가?(참고 / 롬 8:31-34; 고후 13:5)

8 예수님은 공중에서 우리와 만날 그날을 오래 전부터 간절히 바라고 계셨다. 그리고 이것은 우리 모두의 간절한 소원이기도 하다. 다음의 말씀을 찾아보자.

- 요한복음 17:24 /

- 로마서 8:23-25 /

- 요한일서 3:2 /

9 공중에서 우리가 재림하시는 주님을 만나게 될 날을 한번 상상해 보라. 그리고 그와 함께 영원히 살게 될 날의 황홀함을 상상해 보라. 지금 당신의 기분은 어떤가?

삶의 열매를 거두며

재림, 부활, 휴거, 영생. 이 모든 진리는 얼마나 놀라운 것인가? 이것을 믿는 자는 그 영혼이 소생할 것이고 그렇지 못한 자는 그 영혼이 죽음의 그늘에서 헤매게 될 것이다. 우리 주변을 돌아보라. 이처럼 좋은 일이 기다리고 있는데 아직껏 예수를 믿지 않고 있는 자들이 얼마나 많은가? 하나님은 그들을 불쌍히 여겨 재림을 늦추고 계시는지 모른다. 오늘 당장 우리가 휴거를 당하는 일이 발생한다면 당신의 마음에 걸려 큰 고통을 받을 수 있는 자들이 누구인지 이름을 적어 보라. 그리고 그들을 위해 기도하자.

Lesson 10

깨어서 정신을 차리라

데살로니가전서 5:1-11

마음의 문을 열며

예수님의 재림은 우리 앞에 남아 있는 인류 최대의 뉴스요 이벤트가 될 것이다. 그날에 일어날 놀라운 일들을 어떻게 다 기술할 수 있겠는가? 구름 타고 오실 예수님을 만나 뵙는 그 기쁨과 감격을 무슨 말로 다 표현할 수 있겠는가? 그날이 있기에 우리는 주저앉았다가도 일어난다. 그날이 있기에 우리는 탄식하다가도 찬송한다. 그날이 있기에 우리는 세상 앞에 무릎을 꿇지 않는다. 이 시간에는 그날을 고대하는 자의 삶이 어떠해야 하는지 배우려 한다. 성령의 깨닫게 하심을 위해 기도하자.

말씀의 씨를 뿌리며

1 예수님의 재림을 누구보다 간절하게 기다리던 데살로니가 교회의 교인들은 재림의 때와 시기를 정확히 알고 싶어 했던 것 같다. 그들의 궁금증에 대한 사도 바울의 대답은 무엇인가?(1-2절, 참고 / 행 1:6-7)

2 주의 날이 도둑같이 임하리라는 말씀의 진의가 어디에 있다고 생각하는가?(3절, 참고 / 눅 17:26-30)

3 도둑을 맞아 본 일이 있는가? 만일 예수님이 지금이라도 도둑같이 오신다면 당신은 어떻게 될 것 같은가?

4 데살로니가 교회 교인들에게는 예수님이 도둑같이 임하지 못할 것이라고 한다. 그 이유는 무엇인가?(4-5절)

5 당신에게도 이 사실이 그대로 적용될 수 있다고 생각하는가? 만일 그렇다면 자신이 빛의 아들임을 증명할 수 있어야 한다. 그렇게 할 수 있겠는가?(참고 / 요 3:19-21; 엡 5:8-9)

6 우리가 정말 빛의 자녀라면 어두움의 자녀들인 세상 사람들과 구별되는 것들이 나타날 것이다. 그것이 무엇인가?(6-8절, 참고 / 롬 13:11-14)

7 말세가 임박하면 우리를 잠들게 만드는 유혹들이 많아질 것이라고 한다. 그 유혹이 어떤 것인지 몇 가지 예를 들어 보자. 특히 당신 자신이 가장 이기기 힘든 유혹, 즉 영적으로 몽롱하게 만드는 것이 무엇인지 솔

직하게 이야기해 보자(참고 / 눅 21:34-36).

8 다음의 글을 읽고 자신의 생각을 말해 보라.

❀❀❀

강물을 막은 댐을 조사한 엔지니어들은 펜실베이니아 주의 한 마을에 들어가서 주민들에게 경고했다. 즉, 마을 위에 있는 저수 댐의 안전에 큰 문제가 있다는 것이 엔지니어들의 결론이었다. 그러나 마을의 주민들은 "어디, 우리가 겁을 먹게 해보시오"라고 하며 웃어 넘겼다.

그 해 가을 조사단원들이 다시 와서 점검한 후에 또 한 번 경고했다. 그러나 주민들은 여전히 태연하기만 했다.

이듬해 봄에 조사단원들이 다시 와서 댐을 살펴보고는 참으로 위험하다고 했으나 주민들은 이번에도 "그것은 있을지 없을지 모르는 일이 아니요? 우리를 겁나게 하지는 못할 것이요"라고 했다.

그러나 이 마지막 경고가 있은 지 보름이 채 못 되어 1889년 5월 31일 그 큰 댐이 장맛비로 깨어져 무너지고 말았다. 댐의 붕괴로 그 마을 존스타운의 주민 중 이천 이백 명이 삽시간에 몰사하는 미국 역사상 최대의 홍수 사건이 발생했다.

생명을 다루는 엔지니어들인 전도자들의 경고에 대해서도 귀를 잘 기울이는 현명함이 있어야 한다.

9 하나님이 우리를 구원하신 목적이 무엇인가?(9-10절)

삶의 열매를 거두며

일평생을 예수 믿은 사람이라도 예수님이 재림하실 때 버림당하면 아무 소용이 없다. 이것처럼 기가 막히고 원통한 일이 세상에 또 있겠는가? 예수님이 가르치신 열 처녀 비유를 보면 교회를 다니는 자 중에 반은 구원을 받고 반은 버림당하는 것으로 나온다. 교회에 소속을 두고 입으로 예수 믿는다고 말하는 것만으로는 안심할 수 없다는 경고일 것이다. 찬송가 168장을 펴서 가사를 함께 읽고 느낌 점을 말해 보라.

Lesson 11

교회 생활을 위한 몇 가지 권면

데살로니가전서 5:12-28

마음의 문을 열며

안타깝게도 요즈음에는 건강한 신앙생활을 위해 교회가 얼마나 중요한지, 자신의 영혼을 위해 영적 지도자가 얼마나 소중한지 잘 모른 채 소속 교회를 정하지 않고 떠돌이 신앙생활을 하는 사람들이 많다. 교역자들의 인간적인 약점을 지적하면서 자신이 교회에 정착하지 않는 행동을 정당화하려 한다. 이런 태도는 신앙생활에 백해무익할 뿐이다. 건강한 신앙생활을 위해서는 '믿음의 형제들' 이 울타리가 되어야 한다. 다시 말해, 교회의 품이 꼭 필요하다. 그리고 주님의 뜻대로 살기 위해서는 교회 지도자의 보살핌을 꼭 받아야 한다. 이런 문제들에 대해 성경은 어떻게 교훈하는지 귀를 기울여 보자.

말씀의 씨를 뿌리며

1 주님께서는 교회에 지도자를 주셨다. 다음 말씀을 통해 이 사실을 확인해 보라.

• **사도행전** 20:28 /

• **에베소서** 4:11-12 /

2 교회 안에서 지도자가 하는 일은 무엇인가? 세 가지를 말해 보라(12절, 참고 / 히 13:7, 17).

3 교회 안에서 지도자들을 대하는 우리의 태도는 어떠해야 하는가?(12-13절)

4 당신이 지금까지 신앙생활을 해오는 동안 여러 명의 교역자들을 보았고, 그들의 지도를 받았을 것이다. 가장 존경스러웠던 교역자는 누구인가? 이름을 거론하지 않아도 된다. 그러나 왜 존경스러웠는지에 대해서는 이야기해 보라. 그리고 그에게서 받은 은혜가 어떤 것이었는지 말해 보라.

5 교역자로 인해 시험을 당한 일이 있는가? 공개할 수 있는 내용이라면 나누어 보라.

6 교회 생활을 은혜스럽게 하려면 교역자와의 관계만 좋아서는 안 된다. 형제들끼리도 좋은 관계를 유지하기 위해 노력해야 한다. 어떤 노력을 기울여야 하는가?(14-15절, 참고 / 롬 14:1-15:3)

7 당신이 위의 몇 가지 사항 중 평소에 잘 순종하지 못하여 어려움을 겪고 있는 경우가 있으면 한두 가지 말해 보라. 그리고 어떻게 해야 그 문제를 해결할 수 있는지 형제들의 조언을 들어 보라.

8 다음의 설명을 읽고 19-22절 말씀의 요점을 정리해 보자.

❀❀❀

초대교회 시대에는 성경이 완성되지 않았다. 성령은 교회의 일부 신도들에게 예언의 은사를 주어 그들을 통해 계시의 말씀을 주셨다. 따라서 그들은 성령의 감동을 받았을 때 직접 진리를 선포할 수 있었다. 성령은 그들에게 영적인 지식을 부어주었고, 그들은 종종 방언으로 예언도 했다.

물론, 이런 종류의 사역에는 위험 요소가 있었다. 왜냐하면 사탄이 인간의 생각을 하나님으로부터 온 메시지로 위장할 수 있었기 때문이다. 만약 교회가 성령의 감동을 받아 예언하기를 원하는 자에게 말을 하지 못하게 한다면, 그들은 성령을 소멸하고 있는지도 모른다는 가책을 받게 될 것이다. 소멸한다는 말은 불을 꺼버리는 것을 의미한다. 잘못하면 불을 꺼버리듯 성령을 방해할 수 있다. 그렇다고 아무나 제멋대로 말을 하도록 허락하면 어느 것이 계시의 말씀이고, 어느 것이 인간의 소리인지 구별하기 어려운 혼란에 빠질 수 있다. 이러한 곤란한 문제를 해결하기 위해 바울이 준 해답은 범사에 헤아려 좋은 것을 취하라는 것이다(5:21). 다시 말해서 모든 것을 시험해 보고 옳다는 확신이 드는 말씀만 받으라는 것이다.

오늘날 우리는 완성된 계시의 말씀인 성경을 손에 들고 있다. 그러므로 더 이상 예언자가 따로 필요 없다. 사도나 선지자들은 교회의 기초를 닦는 데 헌신했다. 그리고 그들은 그 일을 마무리하고 사라졌다. 지금은 단지 하나님의 말씀을 가지고 계시의 진리를 전파하고 가르치는 사역만이 남아 있다.

9 가끔 보면 하나님의 말씀은 등한히 여기고 성령의 체험 쪽으로 너무 기울어 버리는 자들이 있다. 그들 중에는 돌이킬 수 없을 만큼 잘못된 자리까지 가버린 자들도 있다. 언제 이런 위험에 빠지기 쉬운가? 그리고 왜 그렇다고 생각하는가?

10 우리를 향한 하나님의 궁극적인 소원은 무엇인가? 그리고 그 소원이 이루어지기 위해서는 왜 우리의 노력만으로 불가능한가? 왜 그런지 '보전되다', '이루시다' 라는 말씀을 중심으로 생각해 보자(23-24절).

삶의 열매를 거두며

교회의 지도자들이 건강해야 교회가 건강하다. 교회의 영적 지도자들을 도울 수 있는 일들은 어떤 것들인지 찾아보라. 또한 건강한 교회를 세워가기 위해 당신이 감당할 수 있는 일들이 무엇인지 찾아보고 함께 나누어 보라.

Lesson 12

항상 기뻐하라

데살로니가전서 5:16

마음의 문을 열며

하나님은 우리가 매일 같은 날을 맞이하고 또 보내면서 어떤 마음을 가지고 세상을 살기 원하실까? 항상 기뻐하는 것이다. 우리는 흔히 이 사실을 잊은 채 세월을 보내고 있다. 물론 이 세상에는 캄캄한 날이 더 많다. 웃음보다 눈물을 흘려야 할 가슴 아픈 일들이 매일 반복된다. 그럼에도 하나님은 자기 자녀들이 즐겁게 살겠다는 마음을 갖기 원하신다. 데살로니가 교회의 교인들은 핍박 중에 예수님을 믿었고 사람들로부터 학대받고 따돌림당하였다. 솔직히 말해 항상 기뻐할 수 있는 가능성은 거의 없어 보이는 상황이었다. 이들을 향해 하나님께서 항상 기뻐하라고 하시는 이유와 목적이 어디에 있을까?

말씀의 씨를 뿌리며

1 '기뻐하라'는 헬라어로 '카이레테'이다. 이는 계속해서 즐거워하는 태도를 말한다. 여기에 '항상'이라는 단어가 붙어 있다. 당신은 이 말씀을 지금까지 어떻게 생각해 왔는가?

2 우리가 보기에 항상 기뻐하라는 이 말씀은 누구든지 정신이 이상해져서 날마다 히죽거리며 살지 않는 한 순종할 수 없을 것처럼 보인다. 그러나 사실은 그렇지 않다. 항상 기뻐하고도 남을 충분한 조건들을 하나님이 먼저 허락하셨다. 그것이 무엇인가?(참고 / 롬 5:1-2, 11)

3 하나님은 우리에게 값없이 주신 구원의 은혜가 너무나 대단한 것이어서 우리가 어떤 형편에 있어도 항상 기뻐할 수 있다고 하신다. 이 사실을 실제로 입증한 자들이 얼마든지 있다.

• 베드로전서 1:8-9 /

• **마태복음** 5:11-12 /

• **빌립보서** 4:4, 10 /

4 구원의 은혜를 소유한 자는 세상을 보는 안목이 달라진다. 죽음을 뛰어넘어 영원이라는 시각을 가지고 세상을 보기 때문에 항상 기뻐할 수 있다는 말이다. 그럼에도 이 사실이 나와는 거리가 먼 이유를 어떻게 설명해야 하는가?

5 항상 기뻐하기 위해서는 하나님의 말씀에 순종하려는 노력을 해야 한다. '항상 기뻐하라' 는 것은 하나님의 준엄한 명령이다. 순종해야 할 의무가 우리에게 있다. 당신은 이 명령에 순종하지 않은 것 때문에 가책을 느끼고 회개한 일이 있는가?

6 솔로몬은 우리가 항상 기뻐하는 방법으로 아주 귀한 아이디어를 하나 제공하고 있다. 그것이 무엇인가?(참고/ 전 11:7-8)

7 자연은 하나님이 주시는 은혜의 수단이다. 중생함을 입은 사람은 자연 속에 감추어져 있는 하나님의 은혜를 즐거워할 수 있다. 그리고 창조자 되신 하나님을 찬양하게 된다. 은혜를 받으면 모두가 시인이요 예술가가 되는 것이다. 그래서 해를 보면서도 기뻐할 수 있는 것이다. 당신은 해를 보면서도 기뻐하고 있는가?

8 다음의 글을 읽고 자신을 반성해 보자.

❀❀❀

여러분은 즐겁게 살기를 원합니까? 사람을 너무 보지 마세요. 신문이나 텔레비전에만 시선을 꽂아 놓고 있지 마세요. 하늘을 좀 보세요. 내가 아무리 가난해도 해를 보는데 돈 내라는 사람 있나요? 저 골짜기에 핀 조그마한 야생화 하나를 유심히 보는데 누가 입장료 받으러 오는 사람 있나요? 아무도 없어요. 해를 쳐다보는데 무슨 시간이 많이 걸립니까? 10

분이 걸립니까? 20분이 걸립니까? 우리 하나님은 얼마나 자비로우신 분인지 가난한 사람도 창문만 열면 해는 볼 수 있게 만들었어요. 아무리 천한 사람도 아무리 높은 사람도 그저 얼굴만 들면 찬란한 햇빛을 볼 수 있도록 하나님께서 풍요롭게 허락해 주셨습니다.

9 사람의 마음에는 침실이 두 개가 있다고 한다. 한 침실에는 기쁨이 살고 다른 침실에는 슬픔이 살고 있다. 그래서 이쪽 방에서 기쁨이 깨어 있으면 저쪽 방의 슬픔은 잠을 자고, 거꾸로 슬픔이 깨어 있으면 기쁨이 깊은 잠을 잔다고 한다. 이 이야기가 담고 있는 교훈이 무엇이라고 생각하는가?

삶의 열매를 거두며

항상 기뻐하라는 명령을 우리에게 주신 분은 하나님이시다. 하나님은 결코 불가능한 명령을 요구하는 분이 아니시다. 다음의 글을 읽고 느낀 바를 나누어 보자.

❀❀❀

당신이 이미 선물로 주신 영원한 생명을 나의 어리석음으로 놓치는 일이 없게 하여 주소서. 모든 일상의 어려움에 대해서는 굴복이 아니라 극복의 태도로 임하게 해주소서. 살아 있을 때 한 번이라도 더 찬미의 기도를 바치게 하소서. 살아 있을 때 이웃에게 한 번이라도 더 따스한 격려의 말과 웃음을 주게 하소서. 밝은 햇빛, 바람, 공기 – 잊기 쉬운 자연의 혜택을 고마워하며 내가 살고 있는 이 세상을 좀 더 애정 어린 눈으로 바라볼 수 있게 하소서. 남이 몰라주어도 즐거울 수 있는 조그만 선행과 봉사를 한 번이라도 더 겸손하게 실천하는 용기를 주소서. 그리고 언제나 '믿음의 선한 싸움' 으로 하루가 평화롭게 하소서.

사랑하는 친구에게 처음 받은 시집의 첫 장을 열듯 오늘도 아침을 엽니다. 나에겐 오늘이 새 날이듯 당신도 언제나 새 사람이고, 당신을 느끼는 내 마음도 언제나 새 마음입니다. 처음으로 당신을 만났던 날의 설렘으로 나의 하루는 눈을 뜨고 나는 당신을 향해 출렁이는 안타까운 강입니다.

당신 안에 숨 쉬는 나의 가슴에선 언제나 산 까치가 울고, 당신과 함께 모든 이를 사랑하는 내 마음엔 언제나 진달래꽃이 핍니다. 당신을 통해서 사물을 보며 오늘을 살아가는 예술을 배웁니다. 평일에도 주일을 살게 하는 주인이신 당신 앞에 나의 기도는 언제나 새로운 시작입니다.

Lesson 13

쉬지 말고 기도하라

데살로니가전서 5:17

마음의 문을 열며

기도는 신앙생활 그 자체다. 예수님을 믿으면서 항상 기도하지 않는다면 생명을 유지할 수 없다. 하나님의 자녀는 기도해야만 살 수 있다. 기도는 우리의 존재 그 자체다. 하나님이 우리를 그렇게 만들어 놓으셨다. 그러므로 은혜받았다고 하면서 기도하지 않는다면 그 은혜는 엉터리요, 중생받았다고 하면서 기도를 등한히 하면 그 중생은 어딘가 잘못된 것이다. 교회 다니면서 기도를 게을리 한다면 그의 믿음은 병든 것이다. 하나님은 데살로니가 교회의 교인을 향해 쉬지 말고 기도하라고 명령하셨다. 이것은 곧 우리에게 주신 명령이다. 당신은 쉬지 않고 기도하고 있는가?

말씀의 씨를 뿌리며

1 기도가 겉으로는 쉬운 것 같지만 많은 성도에게는 매우 어렵고 어색하고 힘든 것으로 인식되어 있다. 게다가 '쉬지 말고' 기도하라니까 자신이 없어서 손을 들어 버리는 사람들도 많다. 당신은 이 말씀을 어떻게 받아들이고 있는가?

2 쉬지 않고 하는 기도에 대해 성경에 나오는 몇 가지 사례를 찾아보자. 우선 먼저 절박한 위기에 처한 야곱의 기도를 들 수 있다. 그의 기도의 특징은 무엇인가?(참고 / 창 32:24-26; 호 12:3-4)

3 다음에는 예수님이 비유로 교훈하신 내용이다. 누가복음 11:5-8절을 통해 쉬지 않고 하는 기도의 중요성을 어떻게 강조하고 있는지 살펴보라.

4 쉬지 않고 기도하는 것이 왜 신앙생활을 하는 우리에게 필수적인지 다음의 구절을 가지고 검토해 보라.

• **누가복음** 18:7 /

• **누가복음** 21:34-36 /

• **에베소서** 6:18-19 /

• **데살로니가전서** 3:10 /

5 앞 문제에서 다룬 내용 가운데 당신이 자주 무시하거나 등한히 하다가 손해 본 것이 있다면 무엇인가?

6 쉬지 말고 기도하라는 말씀에 순종하고 싶지만 마음뿐인 경우가 얼마나 많은가? 왜 마음은 간절히 원하는데 행동이 따르지 않을까? 분명 원인이 있을 것이다. 당신의 경우 가장 심각한 원인이 무엇이라고 생각하는가?

7 당신이 쉬지 않고 기도하는 사람인지를 확인하기 위해 다음 항목에서 해당되는 것을 모두 표시해 보라.

- 새벽기도회 출석
- 개인적으로 10분 이상의 아침 기도
- 식사기도
- 운전석에 앉을 때의 기도
- 새로운 장소로 옮겼을 때의 기도
- 문득 생각나는 사람을 위한 기도
- 심령이 답답할 때마다 하는 기도
- 감사할 일이 생길 때마다 하는 기도
- 수요 예배 시간에 참석하여 하는 기도
- 가정 예배를 드리면서 하는 기도
- 금요 심야 기도회의 기도
- 가끔씩 수양관 혹은 기도원에서의 기도
- 필요할 때면 하는 개인 철야기도
- 간혹 하는 금식기도
- 정기적으로 동참하는 중보기도 모임
- 시도 때도 없이 마음으로 계속하는 기도
- 잠자리에 들기 전 기도

8 당신이 쉬지 않고 기도해 주어야 할 사람들의 이름을 적어 보라.

9 다음의 이야기를 읽고 무엇을 깨달았는지 말해 보라.

❀❀❀

1876년 여름, 메뚜기가 미네소타 주의 농작물을 모두 망쳐버렸다. 다음 해인 1877년 봄 농부들의 걱정은 태산 같았다. 저들은 올해도 작년과 같은 재해로 수천 명의 사람들에게 재난이 닥칠 것이라 믿었다. 상황이 너무나 긴박하여 당시 미네소타 주지사 존 S. 필즈베리는 그해 4월 26일을 금식 기도의 날로 공포했다. 주지사는 남녀노소를 가리지 않고 모든 미네소타 주민들에게 재해를 막아 달라고 하나님께 기도할 것을 촉구했다. 4월 26일에 모든 관공서, 학교, 상점들이 문을 닫았다. 주 전체가 엄숙하고도 거룩한 하루를 보냈다. 다음날 새벽이 밝아왔다. 그날은 4월 치곤 이상하리만큼 기온이 한여름 날씨처럼 치솟았다. 더운 날씨 때문에 수십 억 마리의 메뚜기 애벌레가 알에서 깨어 나와 땅에 기어 다니는 것을 보고 모든 주민들은 공포에 질렸다. 더운 날씨는 사흘 동안 계속되었다. 모든 애벌레들이 알에서 깨어 나왔다. 이제 애벌레가 농작물을 망치는 것은 시간 문제였다. 나흘째 되던 날, 기온이 급강하하여 그날 밤 온 땅에 찬 서리가 내렸다. 마치 불이나 독약을 뿌린 것처럼 기어 다니던 애벌레가 모두 얼어 죽었다. 너무나 감격한 농부들은 그날을 결코 잊을 수 없었다. 이 이야기는 하나님이 인간의 기도에 응답하신 좋은 실례로 아직도 미네소타 주 역사 속에서 지금까지 전해 내려오고 있다.

삶의 열매를 거두며

쉬지 않고 기도하겠는가? 당장 실천하기 위해 지금 결단해야 할 것은 무엇인가?

Lesson 14

범사에 감사하라

데살로니가전서 5:18

마음의 문을 열며

상록수는 아무리 계절이 변해도 항상 푸르다. 찌는 듯한 여름, 차가운 혹한의 겨울에도 항상 푸르다. 우리의 신앙생활 역시 항상 푸르러야 한다. 범사에 감사하라고 하시기 때문이다. 하나님은 구원받은 우리가 감사하지 못할 것이 없다고 하신다. 범사에 감사하는 자를 누가 이길 수 있겠는가? 이 시간 성령께서 감사가 없어 얼어붙은 우리의 심령을 감사로 녹여 주시도록 기도하자.

말씀의 씨를 뿌리며

1 무엇을 두고 범사에 감사하라고 하는지 우리가 즐겨 부르는 찬양에 잘 묘사되어 있다. 이 찬양을 부를 때마다 어떤 느낌이 드는가?

"향기로운 봄철에 감사 외로운 가을날 감사
응답하신 기도 감사 거절하신 것 감사
아픔도 기쁨도 감사 절망 중 위로 감사
길가에 장미꽃 감사 장미꽃 가시 감사"

2 범사에 감사를 드린 사람을 이야기할 때마다 우리는 욥을 빼놓을 수가 없다. 욥기 1:20-22절을 가지고 그가 보여 준 감사의 중요한 요소들을 찾아보자.

3 욥과 비교해 볼 때 당신이 범사에 감사 못하는 이유가 무엇이라고 생각하는가?(참고 / 빌 4:6)

4 범사에 감사하려면 이미 얻은 것에 대해 헤아려 볼 줄 알아야 한다. 이것은 초보적인 감사다. 창세기 32장 9-10절을 보라.

5 지금까지 하나님께 받은 것들을 헤아려 보면 얼마나 많은지 모른다. 그럼에도 감사하지 못하는 것이 우리의 솔직한 모습이다. 도대체 왜 그럴까?

6 범사에 감사하려면 비교하면서 감사할 줄 알아야 한다. 무엇이 비교 감사인가?(참고 / 신 8:2, 12-14)

7 감사하는 마음이 없어질 때마다 문득 기억이 나면서 지금이 그때에 비해 얼마나 감사할 것이 많은가를 깨우쳐 주는 사건이 있다면 어떤 것인가?

8 다음의 글을 읽고 자신에게 적용시켜 보라.

❀❀❀

어떤 섬에서 오솔길을 따라 차를 타고 가고 있었다. 운전을 하던 분은 연세가 70이 넘은 장로님이었다. 그분은 차를 몰고 가면서 대뜸 이렇게 이야기했다. "목사님, 지금이 천국이지요. 천국 아닙니까? 천국이 따로 있나요? 얼마나 감사하고 얼마나 좋은지요! 요즘 사람들은 그걸 잘 몰라요. 특히 젊은 아이들은 너무 몰라요. 이게 천국인 줄을 몰라요. 그러니까 날마다 불평입니다." 나는 그 이야기를 들으면서 장로님의 말씀에 공감했다. 그 장로님은 6.25가 터지기 전 북한에 있었다. 19살인가 20살 때 소련군이 진주했는데 그 소련군을 향해 욕을 했다고 한다. 그 말을 누군가 고자질하는 바람에 끌려가서 재판을 받고 아오지 탄광으로 가는 기막힌 신세가 되어 버렸다. 아오지 탄광은 한번 들어가면 살아나오는 사람이 거의 없다는 무시무시한 곳이었다. 그는 숨 막히도록 뜨거운 갱 속에서 석탄을 캐는 것이 얼마나 짐승 같은 생활이며 얼마나 무시무시한 지옥인지 뼈저리게 체험했다. 그때는 예수를 믿지 않았다. 3년 형을 다 살고 나와서 전란의 틈을 이용해 단신으로 월남했다. 그리고 열심히 일해서 지금은 행복한 생활을 하고 있다. 예수 믿고 장로까지 되었다. 그는 아오지 탄광과 지금의 형편을 비교하면서 날마다 '이게 천국이야' 하며 감사한다. 불평이 입에서 나올 때마다 그는 '이게 천국이야' 하고 소리친다고 한다.

9 '범사에 감사' 하기 위해서는 의도적으로 감사하는 법을 배워야 한다. 가만히 있으면 감사거리가 안 되는 일도 감사하고자 하는 사람에게는 굉장한 감사거리가 될 수 있다. 빌립보서 4장 6-7절을 가지고 이 점에 대해 살펴보라.

삶의 열매를 거두며

감사만큼 우리의 삶을 건강하고 풍성하며 살맛나게 만드는 것이 또 있을까? 그러기에 범사에 감사하는 것이 우리를 향한 하나님의 뜻이라고 한다. 하나님의 뜻을 따를 때 진정한 행복이 깃든다. 그런데 왜 행복하지 못할까? 하나님의 뜻을 거역하기 때문이다. 그렇다면 범사에 감사하는 생활을 하기 위해서 어떻게 하겠는가?

Lesson 15

그리스도의 재림

데살로니가후서 1:1-12

마음의 문을 열며

데살로니가 교회는 교회의 평화를 해치는 세 부류의 사람들로 인해 어려움을 당하고 있었다. 핍박자들, 거짓 교사들, 그리고 규모 없는 자들이 바로 그들이었다. 당시 고린도에 머물고 있던 바울은 첫 번째 편지를 보내었던 때보다 더 심한 핍박을 받고 있다는 소식을 접하고는 염려가 되었다. 어린애를 떼어 놓고 나들이를 떠난 어미의 심정이었다. 그래서 그는 그들이 믿음 위에 굳게 서서 핍박을 이겨내도록 하기 위해, 그리고 최후의 승리를 확신하도록 하기 위해 두 번째 편지를 써서 보내고 있다. 우리가 이 시간 다루게 될 첫 장에서는 예수님이 재림하시면서 나타날 하나님의 공의를 설명하고 있다. 핍박자들은 무서운 심판을 받게 될 것이고 성도는 하나님의 영광에 참여하게 될 것이다.

말씀의 씨를 뿌리며

1 데살로니가 교회의 성도를 생각하면서 바울이 무엇을 감사하며 자랑하고 있는가?(3-4절, 참고 / 살전 1:3)

2 핍박이 날로 심해지는 상황에서 나무가 성장하듯 믿음이 쑥쑥 자라고, 홍수가 땅을 범람하듯 사랑이 넘쳤다는 것은 결코 예사로운 일이 아니다. 그런데 우리는 왜 우리 앞을 가로막는 자가 아무도 없는 평화로운 세상에 살면서도 믿음이 잘 자라지 않고, 사랑이 식어갈까?

3 바울은 성도를 괴롭히는 핍박이 사실은 큰 유익이 된다고 말한다. 그 이유는 두 가지다. 첫째는 하나님의 공의로운 심판이 따를 것이기 때문이고, 둘째는 그들이 하나님 나라에 들어갈 수 있는 합당한 자로 갖추어지기 때문이다. 이 사실에 대해 5절은 어떻게 말씀하고 있는가?

4 우리가 하나님 나라에 들어가기 위해서는 고난을 피할 수 없다는 말씀이 성경에 자주 나온다. 다음 구절을 찾아보라. 만일 이런 핍박이 찾아온다면 당신은 어떻게 할 것인가?

- **요한복음** 15:19-20 /

- **사도행전** 14:22 /

5 하나님은 어떻게 공의로운 심판을 하시는가?(6-7절)

6 하나님의 공의로운 심판을 우리가 눈으로 볼 수 있는 결정적인 시기는 언제인가? 그때에는 어떤 일이 벌어지는가?(7-9절)

7 예수님이 재림하시는 날 성도가 보일 반응은 무엇인가? 10절을 쉬운 말로 풀어 보자. 그 성도 가운데 당신이 함께 있을 것을 생각하면 어떤 느낌이 드는가?

8 바울은 데살로니가 교회의 교인들을 위로하기 위해 예수의 재림과 공의로운 심판과 성도가 누릴 영광을 이야기한 후, 무엇을 하고 있는가?(11절)

9 재림하시는 예수 그리스도를 기쁘게 영접하고 그와 함께 영광의 나라로 들어갈 사람은 사전에 준비가 되어야 한다. 이것이 바로 '합당한 자로 여기심을 받는 것' 이다. 이 말씀은 우리 자신이 스스로 노력해서 '합당한 자가 되는 것' 을 의미하지 않고 하나님이 합당하게 여기시는 것을 말한다. 재림의 주님이 당신을 보시고 합당한 자로 여겨주실까?(참고 / 엡 2:4-6, 5:25-27)

10 우리가 세상을 살아가는 궁극적인 목적은 주님의 영광이요, 우리의 영광이다. 이 점을 12절에서 어떻게 말씀하고 있는가? 그리고 당신은 이러한 목적을 가지고 세상을 살고 있는가?

삶의 열매를 거두며

이 시간 우리는 예수님의 재림을 그저 막연히 기다리는 것은 옳지 않다는 것을 배웠다. 그렇다면 재림하시는 주님을 기쁘게 영접하기 위해 어떻게 준비해야 하는지 당신의 생각을 나누어 보라.

Lesson 16

적그리스도의 반역

데살로니가후서 2:1-12

마음의 문을 열며

당시 데살로니가 교회는 밖으로부터 불어오는 핍박의 폭풍으로 인해 고통을 당하고 있었다. 그런데 교회 안에서 활동하기 시작한 거짓 선생들로 인해 더 심한 고통과 혼란을 경험하게 되었다. 아직 신앙의 뿌리가 깊지 못한 교인들이 얼마나 심각한 위기에 처해 있는지 바울은 잘 알고 있었다. 그들은 진리를 바로 가르치고 보호해 줄 지도자가 절실히 필요했다. 그들의 영적 아버지인 바울을 빼고 누가 그들을 도울 수 있겠는가? 우리는 이 시간 무엇이 참이요 거짓인가를 환히 밝혀주는 말씀을 배우게 될 것이다.

말씀의 씨를 뿌리며

1 거짓 선생들은 예수님이 재림하실 일과 성도가 휴거되어 그 앞에 모이게 될 일에 관해 무엇이라고 가르쳤는가? 그리고 자기들의 말을 사람들이 믿도록 하기 위해 무엇을 이용했는가?(1-2절, 참고 / 살전 4:13 이하)

2 바울이 데살로니가전서를 써서 보낼 때에는 재림이 너무 지체되고 있다고 불평하던 자들이 이제는 거짓 선생들의 말에 속아 재림이 너무 빨리 왔다고 불안해하고 있다. 법은 멀고 주먹은 가깝다는 말처럼 참 선생 바울은 멀리 있고 거짓 선생은 가까이 있다 보니 교인들이 쉽게 미혹되어 버린 것이다. 이럴 때에는 어떻게 하는 것이 신앙생활을 바르게 하는 것일까?

3 왜 믿음이 좋은 사람들도 재림에 관해서는 쉽게 미혹을 당하는 것인가? 다음 글을 읽고 이 문제에 대해 이야기해 보자.

❀❀❀

현대에 와서 그리스도께서 이미 오셨다는 믿음은 여호와의 증인들 가운데서 찾을 수 있다. 설립자인 찰스 러셀 목사는 처음에는 1874년에 세상이 끝날 것이라고 가르쳤으며, 다음에는 그의 계산을 수정해서 1914년에 종말이 올 것이라고 가르쳤다. 그 해가 지나가자 그의 후계자인 러더포드는 그리스도께서 1914년 10월 1일에 실제로 오셨으나 눈에 보이지 않게 오셨다고 주장했다. 그날에 그분은 하나님 아버지의 우편, 즉 일상적으로 그분이 앉아 있던 자리에서 그의 나라와 보좌로 옮기셨다는 것이다. 그러므로 그리스도의 재림을 기다려서는 안 되며 그것은 이미 일어난 일이라고 주장한다.

4 주의 날, 즉 재림은 두 가지 이유로 그렇게 빨리 올 수 없다. 그 두 가지가 무엇인가?(3절)

5 주의 재림은 은밀한 반역이 진행되고 그 반역자의 정체가 드러나기 전에는 일어나지 않는다. 그러면 어떤 반역인가?(4절)

6 하나님을 대적하는 일이 일어난 다음에는 불법이 사회 구석구석에 만연되어 성도를 미혹하는 일이 일어날 것이다. 왜냐하면 반역자를 불법한 자라고 부르고 있기 때문이다(8절). 재림이 가까워 오면 도덕은 필요없다고 주장하는 사상들이 큰 인기를 끌 것이다. 21세기에 들어서면서 벌써부터 사람들이 절대적인 선이나 도덕을 하찮은 것으로 여기는 것을 본다. 불법한 자가 무섭게 활동하고 있다는 증거다. 몇 가지 사례들을 찾아보자(참고 / 마 24:12).

7 그러면 이 '불법의 사람', '멸망의 아들'은 누구인가? 그 정체가 무엇인지 다음의 내용을 읽고 정리해 보자.

❀❀❀

불법의 사람, 즉 적그리스도의 원형은 다니엘이 예언하고(단 8:13, 9:27, 7:28-31), 예수님이 인용한 바 있는(마 24:15) 인물로서 BC 2세기에 예루살렘 성전에 있는 지성소에 들어가 돼지를 희생 제물로 드린 시리아 왕 안티오쿠스 에피파네스였다. 그 후로 시대마다 교회가 적그리스도로 주목한 사람들이 등장하였다. 로마의 네로 황제, 도미티안 황제, 마호메트, 교황 프레드릭 2세, 나폴레옹, 히틀러, 스탈린 혹은 교황제도나 공산주의 국가 등을 불법한 자의 정체로 해석했다. 그러나 시대가 흐르면서 그들이 불법한 사람 그 자신이 아니었다는 것을 알게 되었다. 그러나 우리가 꼭 기억해야 할 것은 역사가 반복되면서 적그리스도에 대한 예언도 교회사의 과정 속에서 여러 번에 걸쳐 성취되어 왔다는 사실이다. 앞으로도 우리가 적그리스도가 아닐까 하고 의심할 수 있는 주인공들이 여러 명 등장할지 모른다. 그러나 우리가 아는 확실한 사실은 아직도 '불법의 사람'이 자기 정체를 완전히 드러내지 않고 있다는 것이다. 고로 우리는 주의 깊게 지켜보아야 할 것이다. 예수님이 재림하시려면 먼저 적그리스도가 자신을 드러내지 않으면 안 되기 때문이다.

8 불법한 자가 자기 정체를 드러내지 않고 비밀리에 활동하고 있는 것은 그를 막는 자가 있기 때문이라고 한다. 5-7절은 이 사실에 대해 어떻게 말씀하고 있는가?

9 불법한 자를 막고 있는 자가 누구인지에 대해서는 여러 가지 견해들이 있다. 성령과 그의 교회라고 하기도 하고, 사도 바울과 그의 선교라고도 한다. 그리고 국가와 그 권세로 보기도 한다. 이 견해는 매우 설득력 있게 들린다. 국가의 정부는 악한 자와 그 세력을 견제하는 억제책으로 하나님이 주신 제도다. 불법한 자가 이 사회의 정치적 도덕적 혼란을 일으키기 위해 끊임없이 활동하고 있지만 지금까지 자기 뜻을 이루지 못하고 있는 것은 국가와 법이 있기 때문이라는 것이다. 그러나 언젠가 재림의 시기가 무르익으면 국가의 권세가 무력해지면서 무정부 상태 혹은 초법적인 전제주의가 등장하게 된다는 것이다. 이 견해를 당신은 어떻게 생각하는가?

10 8절의 말씀은 우리에게 무엇을 확신시켜 주고 있는가?

11 불법한 자, 즉 악한 자는 사탄의 조종을 받고 있다. 사탄은 그를 이용해 어떤 일을 하는가?(9-12절)

삶의 열매를 거두며

예수님의 재림이 가까울수록 우리가 주의해야 할 것이 있다. 그것은 무엇인가?(마 24:24; 계 13:11-14)

Lesson 17

그리스도인의 견고함

데살로니가후서 2:13-17

마음의 문을 열며

안정은 우리의 생활 전반에서 중요하게 다루어진다. 나라는 경제가 안정되어야 한다. 건물은 지진에도 무너지지 않는 안전장치를 가지고 있어야 한다. 항공기는 이중삼중으로 안전장치가 마련되어 있어야 한다. 마찬가지로 하나님의 자녀들은 구원을 얻기 위해 믿음의 안전장치를 가지고 있어야 한다. 특히 사탄이 교회를 핍박하고 거짓 진리를 가르치고 육체의 쾌락으로 유혹하는 일이 자주 일어나는 말세일수록 더욱 그렇다. 바울은 지금 데살로니가 교회의 교인들이 구원받을 충분한 안전장치가 되어 있다고 말한다.

말씀의 씨를 뿌리며

1 바울은 다시 한 번 데살로니가 교회의 교인들을 생각하면서 하나님께 뜨거운 감사를 드리고 있다. 그 내용이 무엇인가?(13-14절, 참고 / 살전 1:2-4)

2 구원의 확신과 안정은 우리의 손에 달려 있는 것이 아니라 하나님의 확고부동하신 손에 달려 있다. 13-14절을 통해 이 사실을 확인해 보라.

3 당신은 주님이 재림하실 때 구원받지 못할지도 모른다는 불안감을 안고 사는가? 만일 불안해한다면 그 원인을 찾아 처리해야 한다. 무엇이 문제인가?

4 우리가 아무리 구원을 확신한다 할지라도 방심하면 안 된다. 하나님이 주신 구원이 안전할수록 우리는 더 조심해야 한다. 15절은 우리에게 무엇을 권면하고 있는가?

5 구원을 확신하지 못한 자들에게서 볼 수 있는 일반적인 현상은 엄마의 치맛자락을 꽉 붙잡고 있는 어린애처럼 하나님의 말씀을 붙들지 않는다는 것이다. 그래서 설교를 들어도 멍하니 듣고 성경을 공부해도 건성으로 한다. 당신에게는 이런 위험한 요소가 없는가?(참고 / 살후 2:5)

6 바울은 데살로니가 교회의 교인들을 격려하고 권면한 다음 그들을 위해 기도하고 있다. 그 내용은 무엇인가?(16-17절)

7 구원의 확신이 분명하고 하나님의 말씀도 굳게 잡고 있는데 또 기도를 해야 할 이유가 무엇인가? 당신은 성도끼리 주고받는 모든 가르침과 권면, 감사, 찬양은 함께 무릎 꿇는 기도로써 마지막 못질을 하지 않으면 안 된다는 사실을 인정하는가?(참고 / 행 20:36)

8 하나님이 우리들에게 은혜로 값없이 주신 것들이 무엇인가?(16절)

9 사랑과 위로와 소망은 우리의 마음을 감동시키는 데 없어서는 안 될 요소들이다. 현대인들은 하찮은 이야기를 가지고 이런 감동을 느껴보려고 애쓰고 있다. 별 것 아닌 이야기를 보면서 눈물을 짜고 있다. 다음의 글을 읽고 자신의 경우를 비교해 보자.

❀❀❀

타임지를 보면, 『치킨 스프의 강』(A River of Chicken Soup)이란 제목으로 화제가 된 한 권의 책에 대해서 자세히 설명하고 있다. 이 책의 원제목은 『영혼을 위한 치킨 스프 : 마음을 열어주고, 영혼에 불을 붙이는 101가지 이야기』다. 이 책은 1995년도 전 미국 최고의 베스트셀러가 되었고, 무려 700만 권이나 팔려 나갔다.

이 한 권의 성공에 힘입어 여러 종류의 치킨 스프 시리즈가 소개되었다. 『영혼을 위한 치킨 스프』, 『어머니의 영혼을 위한 치킨 스프』, 『10대의 영혼을 위한 치킨 스프』, 『노동자의 영혼을 위한 치킨 스프』 등등. 지난 5주간의 베스트셀러 랭킹을 보면, 10위 중 치킨 스프 시리즈가 무려 5개를 차지하고 있다. 완전히 미국 일대에 치킨 스프 돌풍이 불고 있다고 해도 과언이 아닐 것이다.

그러면 치킨 스프는 왜 팔리는가? 치킨 스프 시리즈는 모두 101가지의 간단한 감동적인 이야기들로 구성되어 있다. 대개 이런 이야기들이다. "인디애나 주의 어떤 학교에 15세의 브라이언이라는 아이가 뇌종양에 걸렸다. 암 치료를 위해서 방사능 치료를 하다 보니 머리카락이 다 빠져버렸다. 브라이언은 남의 시선이 창피해서 학교에 가지 않으려고 한다. 그런데 어느 날 브라이언이 부끄러움을 무릅쓰고 학교에 갔더니 상상도 못할 일이 벌어져 있었다. 자기 반 모든 아이들이 브라이언처럼 삭발을 하고 있었던 것이다. 브라이언만 이 학교 전체에서 머리카락이 없는 유일한 학생이 되지 않게 하려는 의도에서였다. 반 전체가 삭발한 모습으로 웃고 있는 한 장의 사진을 보고 큰 감명을 받았다."

이 시대는 컴퓨터가 지배하는 시대다. 한마디로 삭막한 시대다. 이 시대에 사람들이 굶주린 것은 무엇인가? 그것은 "감동"이다. 일전에 한국의 대학생들 1,000명에게 물었다. "지금 당장 가장 가지고 싶은 것이 무엇인가?" 가설을 세우기는 당연히 "자동차, 휴대폰, 여자친구" 이런 것들이 나올 것이라고 예측했다. 그런데 설문 조사 결과는 예상 밖이었다. 우리나라 젊은이들이 가장 원하는 것은 "나는 감동받고 싶다"였다. 사람들은 감동에 굶주려 있었던 것이다.

삶의 열매를 거두며

당신은 진정한 사랑, 영원한 위로, 좋은 소망을 주시는 하나님 아버지 때문에 자주 감동을 느끼고 있는가? 그런 감동이 밀려올 때 어떻게 반응하는가?

Lesson 18

순종해야 할 책임

데살로니가후서 3:1-18

마음의 문을 열며

앞에서 지적한 바와 같이 데살로니가 교회는 핍박자, 거짓 교사, 그리고 무질서한 자들로 인해 어려움을 겪고 있었다. 바울은 마지막 장에서 무질서한 자들의 문제를 다루고 있다. 그들은 바울의 지도를 잘 받아들이지 않고 있었다. 그들은 병균과 같아서 교회 안에 있는 많은 형제들을 고통스럽게 하였다. 그들을 향한 바울의 태도는 단호했다. 몇 사람을 위해 교회가 잘못되는 것을 방치할 수 없었다. 계명을 지키지 않는 소수의 행동으로 인해 교회 전체가 욕을 먹을 수도 있고, 덕스럽지 못한 처신으로 교회를 웃음거리로 만들 수 있기 때문이다.

말씀의 씨를 뿌리며

1 바울이 데살로니가 교회의 교인들에게 부탁한 기도의 내용은 무엇인가?(1-2절)

2 바울은 하나님의 신실하심(미쁘심)을 믿고 확신하는 것이 있었다. 그것은 무엇인가?(3-5절)

3 데살로니가 교회 안에는 예수님의 재림이 임박했는데 일은 무슨 일이냐며 빈둥거리는 자들이 있었다. 날마다 하늘만 쳐다보면서 예수님이 구름 타고 오시기를 기다리느라 가족마저 돌보지 않았던 것 같다. 이런 자들을 바울은 게으르게 행하는 자라고 불렀다. 무질서한 생활을 하는 자라는 의미다. 그들에 대해 본문에서 무엇이라고 하는지 살펴보자(10-11절).

4 교회 안에서 신앙생활은 열심인데 일하기를 싫어해서 가족들이 고통을 당하고 여러 사람들에게 폐를 끼치는 자들이 있을 수 있다. 이런 자들이 늘어나면 어떤 폐단이 발생할 수 있다고 생각하는가?

5 다음의 글을 읽고 당신의 생각을 이야기해 보자.

❀❀❀

맨해튼 57가에 희랍계 식당이 있다. 화장실 입구에는 남녀를 구별하는 표시로서 그림이 그려져 있는데, 남자 화장실에는 배를 타고 항해하는 그림, 여자용에는 밭에서 일하는 그림이 그려져 있다. 옛날 희랍에서는 남자는 고기잡이, 주부는 농사에 종사하는 것이 전통적인 남녀의 이미지였다고 한다.

일하는 것을 고역으로 생각하면 하루도 살 수 없다. '노동은 신성하다'는 말은 옳다. 일하는 자체에 기쁨이 있고 사는 보람도 있다. 돈을 벌기 위해서 일한다는 단순한 생각보다 보람 있게 살려고 일했더니 돈도 벌게 되었다는 생각이 바른 순서이다.

토마스 카알라일이 즐겨 쓴 용어는 '일의 복음'(Gospel of Work)이었다. 일이란 기쁜 소식이라는 뜻이다. 일 속에 참 기쁨과 치유와 해방이 있다고 그는 역설했다. "인간들의 모든 수확이 썩고 슬픔이 인간을 폐허로 만들지라도, 할 일만 있다면 그대는 다시 한 번 살아볼 의미를 찾을 것이다"라고 그는 외쳤다.

6 무질서하게 행하는 자들이 행하지 않았던 두 가지는 무엇인가?

• 6절(살전 4:11-12)

• 7-9절(살전 2:9)

7 당신은 어떠한가? 하나님의 말씀을 밤낮없이 듣고 배우지만 그대로 행하지 않고, 주변에 모범이 될 만한 자들이 많이 있어도 본받을 생각을 하지 않아서 가정이나 교회에 덕을 끼치지 못하는 일이 없는가?

8 다음 구절을 가지고 바울이 빈둥거리며 일만 만드는 자들을 향해 얼마나 단호하게 말씀하는지를 살펴보자(6, 12, 14절).

9 재림을 간절히 기다리느라 들에 나가 일할 생각을 하지 않는다고 해서 그것이 무슨 큰 죄가 되겠는가? 그럼에도 바울은 지나칠 정도로 단호하게 경고하는 것을 보게 된다. 그 이유는 무엇인가?

10 하나님은 교회 안에서 문제를 일으켜 징계를 받는 자들이 생긴다고 해도 그것 때문에 형제들끼리 서로 반목하고 대립하는 사태가 일어나는 것을 원치 않으신다. 그분은 평강의 하나님이시기 때문이다. 그래서 바울은 마지막으로 무엇을 기원하고 있는가? 우리 교회에는 이 평강이 있는지 살펴보자(16절).

삶의 열매를 거두며

이 시간 우리는 무질서하게 행하는 자들의 해악에 대해 배웠다. 당신의 삶 속에 혹은 주변 사람들 가운데 잘못된 종말론 때문에 무질서하게 행하는 일들은 없는지 살펴보자. 그리고 어떻게 하면 덕을 세우는 삶을 살 수 있는지 나누어 보자.